Karl Kautsky

Friedrich Engels
Sein Leben, sein Wirken, seine Schriften

Salzwasser

Karl Kautsky

Friedrich Engels
Sein Leben, sein Wirken, seine Schriften

1. Auflage | ISBN: 978-3-84606-065-0

Erscheinungsort: Paderborn, Deutschland

Erscheinungsjahr: 2015

Salzwasser Verlag GmbH, Paderborn.

Nachdruck des Originals von 1908.

Karl Kautsky

Friedrich Engels
Sein Leben, sein Wirken, seine Schriften

Salzwasser

Friedrich Engels

Sein Leben, sein Wirken, seine Schriften

Von Karl Kautsky

Mit Engels Portrait

∴ Zweite Auflage ∴

Vorwort.

Der wesentlichste Teil des vorliegenden Schriftchens wurde schon 1887 niedergeschrieben als Artikel, zu dem mich die Redaktion des österreichischen Arbeiterkalenders für 1888 aufforderte. Als Engels starb, gab die Expedition des „Vorwärts" den Artikel mit einigen Zusätzen aus anderer Feder als besondere Broschüre heraus. Da diese vergriffen ist, benutze ich die Gelegenheit, eine zweite Auflage selbst zu besorgen und die fremden Hinzufügungen durch eigene zu ersetzen.

Juli 1908.

K. Kautsky.

Inhalt.

1. Einleitung.

Außer Marx hat niemand die internationale Sozialdemokratie mehr beeinflußt als Friedrich Engels. Hätte er seine Memoiren geschrieben, sie wären zur Geschichte der internationalen sozialistischen Arbeiterbewegung von ihren Anfängen an geworden. Fällt doch der Beginn seiner wissenschaftlichen Tätigkeit in die Zeit, in der sich die Ansätze zu den Theorien und Bestrebungen bildeten, aus denen die Sozialdemokratie entstanden ist, und von da an sind seine Geschicke unzertrennlich mit den ihren verbunden geblieben.

Man könnte vielleicht meinen, gerade die Theorie, die Marx und Engels eigentümlich ist und ihre bedeutendste Tat darstellt, gerade die materialistische Geschichtsauffassung schlösse es aus, daß einzelne Menschen auf eine welthistorische Bewegung, wie die sozialdemokratische, einen so bestimmenden Einfluß gewinnen könnten, wie er hier Marx und Engels zugeschrieben wird. Aber so war die materialistische Geschichtsauffassung nicht gemeint.

Diese sagt wohl, daß die Entwickelung der Gesellschaft mit Naturnotwendigkeit nach ehernen Gesetzen vor sich geht, durch materielle Ursachen bedingt wird, die vom Bewußtsein und Wollen des einzelnen unabhängig sind, sie sagt jedoch nicht, daß diese Entwickelung selbsttätig, ohne bewußtes Eingreifen der einzelnen vor sich gehe. Die Gesellschaft ist kein Organismus wie eine Pflanze oder ein Tier, ihre Zellen sind bewußt handelnde Personen, und jede Veränderung in ihr muß durch Personen bewirkt werden. So geht zum Beispiel die Entwickelung der kapitalistischen Produktionsweise nach bestimmten Gesetzen vor sich, aber nicht von selbst: sie setzt voraus, daß die Antriebe, die in ihr tätig sind, Kraft genug besitzen, um immer wieder zu bewirken, daß die Erfinder neue technische Fortschritte hervorrufen, die Industriellen sie anwenden, die Kaufleute schachern und spekulieren usw.

Die soziale Entwickelung ist nicht von der Tätigkeit der einzelnen unabhängig, sondern bloß von ihren Absichten. Wenn jemand morgen eine Maschine erfände, die neun Zehntel der Bergarbeiter überflüssig machte, so würde dieser einzelne sicher die Geschicke der Gesellschaft aufs mächtigste beeinflussen. Aber diese Beeinflussung vollzöge sich völlig unabhängig von den Absichten des Erfinders.

Die Gesellschaft wirkt auf jeden einzelnen Menschen, jeder einzelne wirkt jedoch auch wieder auf die Gesellschaft zurück. Indes nicht jeder in gleicher Weise und gleichem Maße. Keinem ist es gegeben, die Richtung der gesellschaftlichen Entwickelung nach seinem Belieben zu bestimmen. Sie ist durch die materiellen Verhältnisse unverrückbar gegeben. Aber die Art und Weise, wie sie vor sich geht, und die Schnelligkeit ihres Fortschrittes ist bis zu einem gewissen Grade von der besonderen Tätigkeit einzelner abhängig.

Nicht alle Menschen sind gleich. Schon von Natur aus sind sie verschieden begabt; diese Verschiedenheiten treten jedoch in Gesellschaftsformen mit Klassenunterschieden ganz zurück hinter den Ungleichheiten, die die Verschiedenheit der sozialen Stellung mit sich bringt. Je größer die Macht oder der Einfluß des einzelnen im Staat und in der Gesellschaft, desto größer auch seine Kraft, durch sein Tun die gesellschaftliche Entwickelung zu fördern oder zu hemmen, die Leiden und Opfer, die sie heischt, zu mindern oder zu mehren.

Die einen beeinflussen die historische Entwickelung durch die Machtmittel, die ihnen ihr Amt verleiht, sei es, daß sie hinein geboren oder gewählt werden. Andere wirken auf sie vermöge ihres Reichtums. Es gibt aber auch Menschen, die großen Einfluß erringen durch ihre besondere, die durchschnittliche weit überragende Einsicht in die gesellschaftlichen Verhältnisse oder durch ihre besondere Fähigkeit, zerstreute, isolierte Kräfte zu einer Gesamtkraft zu vereinigen. Verfügen diese Menschen auch selbst nicht über Machtmittel, so können sie doch die Entwickelung sehr beschleunigen und ihre Opfer verringern, wenn sie von Irrwegen ablenken, von dem Anstreben unerreichbarer oder nutzloser Ziele abhalten, wenn sie die Kraft einer in der Richtung der Entwickelung vorwärtsdrängenden Bewegung vermehren, indem sie ihr Stetigkeit, Zielbewußtsein und Einheitlichkeit verleihen.

Je größer die Klassengegensätze in einer Gesellschaft, je größer infolgedessen die Überlegenheit an Macht, Reichtum, Wissen einzelner über die Masse, desto mehr muß die Geschichte der Entwickelung dieser Gesellschaft die Geschichte des Wirkens einzelner Personen sein — eines Wirkens, das freilich nur verständlich wird, wenn man seine materiellen Grundlagen kennt.

Noch nie sind die Klassengegensätze so schroff gewesen, wie in der kapitalistischen Gesellschaft, noch nie vorher sind so große Massen dem Einfluß und der Macht einzelner unterlegen; vielleicht noch nie haben daher einzelne eine so wichtige Rolle in der Geschichte gespielt wie in unserer Zeit. Ein Napoleon, ein Rothschild, ein Bismarck, ein Darwin, ein Marx — so sonderbar diese Zusammenstellung klingen mag — jeder von ihnen hat unleugbar das Gepräge dieser Zeit beeinflußt — der eine geräuschvoll, der andere still, aber nicht weniger tief.

Wie ist jedoch der Charakter und das Wesen jedes einzelnen zu erklären? Auch sie sind, wie Charakter und Wesen der Gesellschaft, ein Produkt materieller Verhältnisse. Wird das Wesen einer Gesellschaft bestimmt durch ihre Wirtschaft, die ihrerseits wieder abhängt von dem Stande der Technik, dem Boden, dem Klima und anderen natürlichen Verhältnissen ihres Standorts sowie endlich von den ihr zeitlich wie räumlich benachbarten gesellschaftlichen Verhältnissen, so wird das Wesen des einzelnen bestimmt zunächst durch seine körperliche, ererbte Eigenart, dann aber auch durch die Einwirkungen seiner Umgebung, seines „Milieu". Dieses Milieu selbst wird wieder gebildet von Personen, die teils direkt, teils durch ihre Schriften das Individuum beeinflussen, sowie von natürlichen und gesellschaftlichen Verhältnissen.

Die körperlichen und damit auch geistigen Eigenschaften, die der einzelne erbt, hängen ab von denen seiner Eltern und ihrer Voreltern. Die mannigfachsten Kombinationen sind dabei möglich. Dasselbe gilt von den Personen, mit denen der einzelne direkt oder indirekt verkehrt. Diese beiden Elemente bilden das Individuelle, die Eigenart jedes Menschen.

Die natürlichen und gesellschaftlichen Verhältnisse, in denen einer lebt, bestimmen dagegen jene Züge seines Wesens, die er mit den Genossen seiner Zeit, seines Volkes, seiner Klasse gemein hat.

Da die Menschen im Durchschnitt gleich organisiert sind, so erscheint die Eigenart ihres Wesens, wenn man sie in Masse betrachtet, nur durch die natürlichen und gesellschaftlichen Verhältnisse ihres Landes und ihrer Zeit bestimmt. Wenn diese Verhältnisse viele Generationen hindurch unverändert wirken, kann die daraus hervorgehende Eigenart eines ganzen Volkes zu einem Rassencharakter werden, der sich vererbt und bestehen bleibt, auch wenn die Verhältnisse aufhören, die ihn erzeugten. Aber auf die Dauer hält auch der tiefstgewurzelte Rassencharakter vor Verhältnissen nicht stand, mit denen er unvereinbar ist. Deren Veränderung verändert schließlich auch ihn. Der Einfluß der gesellschaftlichen Verhältnisse setzt sich immer wieder durch.

Aber auch das Wesen des einzelnen, mag es noch so eigenartig sein, noch so sehr vom Durchschnitt abweichen, läßt sich nie völlig begreifen ohne Berücksichtigung der gesellschaftlichen Verhältnisse, in denen er lebt. Wenn jeder einzelne, der eine mehr, der andere weniger, die Gesellschaft durch seine Eigenart beeinflußt, so beeinflußt die Gesellschaft in noch weit höherem Grade jeden einzelnen.

Auch bei Engels läßt sich der Einfluß seines Milieus, namentlich in seinen Anfängen, verfolgen.

2. Engels Jugend.

Friedrich Engels wurde am 28. November 1820 in Barmen als der Sohn eines Fabrikanten geboren. Seine Heimat — die Rheinprovinz — war das industriell und politisch entwickeltste Land Deutschlands. Die Nähe Englands auf der einen und Frankreichs auf der anderen Seite, die Lage an der Wasserstraße des Rheins, der Reichtum an Kohlen und Erzen, alles das hatte in der Rheinprovinz früher als anderswo in Deutschland eine mächtige Großindustrie erstehen lassen und eine dem Feudalismus feindliche revolutionäre Bourgeoisie, aber auch ein starkes Proletariat, das bereits Keime eines besonderen Klassenbewußtseins entfaltete. Das Kleinbürgertum überwog in den Rheinlanden weniger als anderswo in Deutschland. Sie waren auch einer der wenigen deutschen Landstriche, die eine revolutionäre Tradition besaßen. Waren sie doch zwei Jahrzehnte lang, bis 1815, unter dem Einfluß der französischen Revolution gestanden, zum Teil als französischer Besitz, und die Anschauungen und das Recht, die die große Revolution geschaffen hatte, waren da in der Jugendzeit von Fr. Engels noch in voller Kraft.

Damals war aber auch die Blütezeit der deutschen Philosophie. Die gesellschaftliche Revolution des 18. Jahrhunderts mit ihren Ausläufern, die in England am offenbarsten als industrielle Revolution auftrat, in Frankreich als politische, wurde in Deutschland infolge eigentümlicher Verhältnisse zu einer bloßen Revolution in den Köpfen, zu einer Revolution der Philosophie. Während die Revolution der Dinge in Deutschland viel langsamer und unvollständiger vor sich ging als in Frankreich und England, wurde dafür die Revolution der Ideen um so gründlicher besorgt.

Ihren Höhepunkt erreichte diese in der Hegelschen Philosophie. Deutsche Schulmeister haben sie als eine reaktionäre Rechtfertigung alles Veralteten und Verrotteten denunziert. Hegel sagte nämlich: „Alles, was wirklich ist, ist vernünftig, und alles, was vernünftig ist, ist wirklich." Die Schulmeister, die nur die veralteten und verrotteten politischen und gesellschaftlichen Formen ihrer Zeit sahen, glaubten, daß nach Hegel nur diese vernünftig seien. Sie vergaßen, daß die Keime des Neuen ebenso wirklich bestanden wie die Überreste des Alten.

Weit entfernt, konservativ zu sein, ist die Hegelsche Philosophie ihrem innersten Wesen nach revolutionär, aber nicht im Polizeisinne, sondern im philosophischen Sinne, das heißt, als Lehre von der beständigen Umwandlung und Umwälzung des Bestehenden, von dem beständigen Erwachsen neuer und der beständigen Überwindung bestehender Gegensätze. Vom Standpunkte dieser Philosophie ist alles in beständigem Flusse, alles was besteht, auch wert, daß es zugrunde geht. So hat denn die Hegelsche Philosophie in der Tat hauptsächlich revolutionierend gewirkt.

Neben einem Heinrich Heine, Feuerbach, Marx und Lassalle wurde auch Friedrich Engels von Hegel mächtig beeinflußt. Daß die Hegelei nicht zu bloßer dialektischer Spielerei wurde, sondern zu einem Mittel wissenschaftlicher Forschung, nicht zu einer Methode, die wirklich bestehenden Verhältnisse aus den Ideen zu konstruieren, sondern die Ideen aus den wirklich bestehenden Verhältnissen zu begreifen: dafür sorgte bei Engels seine praktische und theoretische ökonomische Schulung. Er wollte ursprünglich ökonomische Universitätsstudien machen und hatte deshalb nach Durchmachung der kleinen Barmer Realschule (deren Anschauungsunterricht in Physik und Chemie ihm für seine naturwissenschaftliche Fortbildung eine unschätzbare Grundlage lieferte) das Gymnasium in Elberfeld bezogen. Familienverhältnisse und frühe politisch-oppositionelle Richtung, die ihm jede Beamtenkarriere verhaßt machten, veranlaßten ihn, ein Jahr vor dem Abiturientenexamen die kaufmännische Laufbahn zu wählen. Er betrieb seine philosophischen Studien, indes er in einem Barmer Handelshause als Volontär arbeitete (seit 1838) sowie später in Berlin als Einjährig-Freiwilliger und dann in Manchester, wo er von 1842—1844 in einem Fabrikgeschäft arbeitete, worin sein Vater Teilhaber war.

3. Erste theoretische Leistungen.

In England, dem Mutterland des Kapitalismus, erschloß sich seinem ökonomisch und philosophisch bereits geschärften Blick bald das Getriebe der kapitalistischen Produktionsweise. Deutlicher als anderswo konnte er dort die Lage des Proletariats erkennen, seine Leiden, aber auch seine historische Zukunft. Sein Interesse für das Proletariat wurde mächtig gesteigert, und bald finden wir ihn mitten im Getriebe sowohl des damals noch utopistischen Sozialismus wie der damals noch nicht ausgesprochen sozialistischen Arbeiterbewegung. Eifrig studierte er beide, aber nicht als Zuschauer, sondern als Mitkämpfer. Er wurde Mitarbeiter des „Northern Star" (Nordstern), des Parteiorgans der Chartisten, und des „New Moral World" (Die neue sittliche Welt) von Robert Owen.

Auf seiner Rückreise nach Deutschland besuchte er Marx in Paris (1844), mit dem er bereits in Briefwechsel stand. Von da an datierte ihre Freundschaft, die für sie beide von so weittragender Bedeutung werden sollte. Ihre Ideengemeinschaft wurde bald eine so innige, daß sie gemeinsam ein Buch verfaßten, das ihren Bruch mit der Junghegelschen Schule offenbaren sollte.

Der Hegelianismus war ja, wie die deutsche Philosophie überhaupt, ideologisch; er nahm an, die Ideen seien nicht Abbilder der wirklichen Verhältnisse, sondern hätten ein selbständiges Dasein und ihre Entwickelung sei der Grund der Entwickelung der Dinge. Dagegen erhoben sich Marx und Engels; sie hielten an der dialektischen Methode Hegels fest, nicht aber am dogmatischen Überbau seiner Philosophie. An Stelle der Ideologie setzten sie den Materialismus. Sie entschlossen sich, „die wirkliche Welt — Natur und Geschichte — so aufzufassen, wie sie sich selbst einem jeden gibt, der ohne vorgefaßte idealistische Schrullen an sie herantritt; man entschloß sich, jede idealistische Schrulle unbarmherzig zum Opfer zu bringen, die sich mit den, in ihrem eigenen Zusammenhang, und in keinem

phantaſtiſchen, aufgefaßten Tatſachen nicht in Einklang bringen
ließ. Und weiter heißt Materialismus überhaupt nichts".*)

Zum erstenmal trat dieſer neue, dialektiſche Materialismus
auf in dem oben erwähnten Buche: „Die heilige Familie, oder
Kritik der kritiſchen Kritik, gegen Bruno Bauer und Konſorten".
Es wurde 1844 in Paris geſchrieben und erſchien 1845 in
Frankfurt**). Der größere Teil iſt von Marx verfaßt und der
Inhalt, den Studien entſprechend, die dieſer bis dahin vor=
wiegend getrieben, ein hiſtoriſcher und philoſophiſcher. Das
ökonomiſche Gebiet wird nur ſelten geſtreift. Der proletariſche
Standpunkt tritt aber bereits deutlich hervor.

Indes ſollten die Veröffentlichungen der beiden bald einen
mehr ökonomiſchen Charakter annehmen; Marx vertiefte ſich
immer mehr in die ökonomiſchen Studien. Engels ſelbſt legte
damals das Ergebnis ſeiner ökonomiſchen Forſchungen in einer
Arbeit nieder, die heute noch von größter Bedeutung iſt. Wir
meinen die „Lage der arbeitenden Klaſſe in England", die 1845
herauskam***).

Kleinere ökonomiſche Aufſätze von Engels waren ſchon
früher erſchienen. Vor allem iſt da zu nennen ein Artikel in
den von Marx und Ruge herausgegebenen „Deutſch=franzöſiſchen
Jahrbüchern", 1844, betitelt: „Umriſſe zu einer Kritik der
Nationalökonomie". Dieſer Artikel iſt wichtig, weil hier zuerſt
der Verſuch gemacht wird, den Sozialismus auf die politiſche
Ökonomie zu begründen. Letztere kannte Engels damals nur
ſehr oberflächlich (z. B. den Ricardo nur aus ſeinem Verwäſſerer
Mac Culloch). Daher manche Irrtümer neben einzelnen Keimen
des wiſſenſchaftlichen Sozialismus, deſſen Begründer Engels
nächſt Marx werden ſollte. Sie ſind aber mitunter noch ver=
ſteckt durch Anklänge an die Formen des Sozialismus, die Engels
in England kennen gelernt hatte.

Ganz anders in der „Lage der arbeitenden Klaſſe in Eng=
land". Engels ſteht ſchon dem Chartismus wie dem Owenismus
kritiſch gegenüber und verlangt die Vereinigung beider zu einer
höheren Einheit: die Arbeiterbewegung ſoll die Macht werden,

*) Fr. Engels, „Ludwig Feuerbach", Neue Zeit 1886, S. 198.
Auch in Separatabdruck bei J. H. W. Dietz erſchienen.
**) Es iſt ebenſo wie der größere Teil der auf den nächſten Seiten
beſprochenen Schriften, im Jahre 1902 von Mehring in den „Ge=
ſammelten Schriften von Marx und Engels 1841—1850" mit ſehr
ſachkundiger Einleitung neu herausgegeben worden.
***) Neu erſchienen 1892 bei Dietz.

die den Sozialismus zum Durchbruch bringt; der Sozialismus soll das Ziel werden, das die Arbeiterbewegung sich steckt.

Der englische utopistische Sozialismus, der Owenismus, wollte im allgemeinen von der Arbeiterbewegung nichts wissen, nichts von Streiks, von Gewerkschaften, von politischer Tätigkeit. Die Arbeiterbewegung wieder, der Chartismus, bewegte sich ganz innerhalb der Grenzen des bestehenden Lohnsystems: volle Koalitionsfreiheit, das Wahlrecht, der Normalarbeitstag, allenfalls kleinbäuerlicher Grundbesitz waren für die Mehrzahl der Chartisten Waffen, nicht um die bestehende Gesellschaftsordnung umzustoßen, sondern sie erträglicher für die Massen zu gestalten.

Dem gegenüber erklärte Engels: „In seiner jetzigen Gestalt wird der Sozialismus nie Gemeingut der Arbeiterklasse werden können; er wird sich sogar erniedrigen müssen, einen Augenblick auf den chartistischen Standpunkt zurückzutreten .... Die Verschmelzung des Sozialismus mit dem Chartismus, die Reproduktion des französischen Kommunismus auf englische Weise, wird das nächste sein, und hat teilweise schon angefangen. Dann erst, wenn dies bewerkstelligt, wird die Arbeiterklasse wirklich die Herrscherin in England sein." (S. 285, 286.) Diese Vereinigung des Sozialismus mit der Arbeiterbewegung bildet aber das Wesen des modernen, wissenschaftlichen Sozialismus. In der „Lage der arbeitenden Klasse" wurde zuerst entschieden ihre Notwendigkeit ausgesprochen; mit diesem Buch nimmt also der wissenschaftliche Sozialismus seinen Anfang. Es fußt bereits großenteils, wenn auch nur halb bewußt, auf demselben Boden, dem das „Kommunistische Manifest" zwei Jahre später entsprang, diese gemeinsame Schöpfung von Marx und Engels. Nämlich auf dem Boden der zuerst von Marx klar formulierten materialistischen Geschichtsauffassung. Die geschichtliche Rolle der Klassengegensätze und Klassenkämpfe ist im Manifest jedoch schärfer erfaßt. Engels sagt selbst darüber im Vorwort zur neuen Ausgabe (1892) der „Lage": „So wird großes Gewicht gelegt — namentlich am Schluß — auf die Behauptung, daß der Kommunismus nicht eine bloße Parteidoktrin der Arbeiterklasse ist, sondern eine Theorie, deren Endziel ist die Befreiung der gesamten Gesellschaft mit Einschluß der Kapitalisten, aus den gegenwärtigen einengenden Verhältnissen. Das ist in abstraktem Sinne richtig, aber in der Praxis meist schlimmer als nutzlos. Solange die besitzenden Klassen nicht nur kein Bedürfnis verspüren nach einer Emanzipation, sondern auch der Selbstbefreiung der Arbeiter-

klasse sich mit allen Kräften widersetzen, solange wird die Arbeiterklasse nun einmal genötigt sein, die soziale Umwälzung allein
einzuleiten und durchzuführen" (S. XIII).

Die „Lage usw." ist aber das erste Werk des wissenschaftlichen Sozialismus nicht bloß durch ihren Standpunkt gegenüber Arbeiterbewegung und Utopismus, sondern auch durch ihre
Methode der Darstellung der Lage der Arbeiterklasse Englands.
Diese Darstellung ist nicht wie in so manchem philanthropischen
Buche eine bloße Sammlung der Leiden der Arbeiterklasse,
sondern eine Darlegung der geschichtlichen Tendenzen der
kapitalistischen Produktionsweise überhaupt, soweit sie die Lage
der Arbeiterklasse bestimmt.

Marx sagt von der „Lage": „Wie tief Engels den Geist
der kapitalistischen Produktionsweise begriff, zeigen die Berichte
der Inspektoren der Fabriken, der Gruben usw., die seit 1845
erschienen sind, und wie bewunderungswürdig er die Zustände
im Detail malt, zeigt der oberflächliche Vergleich seiner Schrift
mit den 18—20 Jahre später veröffentlichten offiziellen Berichten
der Kommission über die Kinderarbeit." Kapital, 3. Aufl. I. 224.

Engels sah im Elend nicht bloß das Elend, wie die
Sozialisten seiner Zeit, sondern die Keime einer höheren Gesell-
schaftsform, die es in seinem Schoße trug. Wir, die wir im
Gedankenkreise des modernen Sozialismus aufgewachsen sind,
können kaum ermessen, welche Leistung der vierundzwanzigjährige
Engels mit seinem Buche vollbracht hat zu einer Zeit, wo man
die Leiden der Arbeiterklasse entweder leugnete oder beweinte,
nicht aber als Glied einer historischen Entwickelungsreihe untersuchte.

Das schnoddrige, streberhafte sozialpolitische Literaten- und
Dozententum unserer Zeit, das den Sozialismus weniger in den
Werken seiner wissenschaftlichen Vorkämpfer als in den Polizei-
berichten studiert, hat in der „Lage" nichts gefunden, was für
seine Zwecke offenkundig zu verwenden war, als die Prophezeiung
einer in England bald ausbrechenden Revolution, und mit Be-
friedigung konstatiert es, daß diese Prophezeiung nicht in Erfüllung gegangen sei. Die Herren vergessen, daß England seit
1844 tatsächlich eine kolossale Revolution durchgemacht hat, daß
diese bereits 1846 begann mit der Aufhebung der Schutzzölle
auf Korn, worauf 1847 die Gewährung des zehnstündigen
Normalarbeitstages für Frauen und Kinder folgte, daß von da
an Konzessionen auf Konzessionen an die Arbeiterklasse in England folgten, die heute die Ziele des Chartismus im wesentlichen
erreicht und die entscheidenden politischen Rechte erobert hat.

Daß die Prophezeiung aber nicht buchstäblich eintraf, daran waren Ereignisse schuld, die niemand voraussehen konnte; vor allem die Junischlacht in Paris 1848 und die Entdeckung der Goldfelder Kaliforniens im selben Jahre, die die unzufriedenen Elemente Englands über den Ozean verlockten und die Kraft seiner Arbeiterbewegung momentan schwächten.

Nicht das ist wunderbar, daß diese eine Prophezeiung nicht buchstäblich in Erfüllung ging, sondern daß so viele andere Prophezeiungen des Buches sich erfüllt haben.

Von einer anderen Seite der „Lage" sprechen unsere Literaten weniger, und doch ist gerade sie für die deutsche National-ökonomie von besonderer Bedeutung geworden. In theoretischer Beziehung hat diese nie etwas geleistet — die Gründe davon hat Marx bereits in seinem „Kapital" dargetan. Ihre einzigen bemerkenswerten Leistungen sind eine Anzahl von Darstellungen der Lage gewisser Arbeiterschichten an gewissen Orten, Darstellungen, wie sie Thun, Schnapper-Arndt, Braf, Sax, Singer, Herkner und andere geliefert haben. Soweit diese Beschreibungen wirklich von Bedeutung sind, eine Darstellung des Typischen und historisch Wesentlichen geben und nicht bloß ein pedantisches Sammelsurium zusammenhangloser Details, beruhen sie auf der Grundlage des „Kapital" von Marx und der „Lage der arbeitenden Klasse" von Engels. Aber nur wenige haben, wie Sax, den Mut oder die Ehrlichkeit gehabt, das einzugestehen.

Die heutige deutsche ökonomische „Wissenschaft" lebt nur davon, daß sie Marx und Engels gleichzeitig plündert und anbellt oder widerlegt, wie sie das nennt. Und je mehr Einer hinterrücks gestohlen hat, desto lauter bellt er.

Wir sind auf die „Lage" etwas ausführlicher eingegangen, weil sie das erste Buch des wissenschaftlichen Sozialismus ist. Bei den folgenden Schriften von Engels werden wir nicht solange zu verweilen haben, deren Standpunkt ist ja derselbe, wie er in der „Lage" zum erstenmal eingenommen und im „Kommunistischen Manifest" 1847 zum erstenmal systematisch und völlig durch-gebildet vorgelegt wurde.

Die „Lage usw." war nach der Rückkehr von Manchester in Barmen ausgearbeitet worden. Aber gleichzeitig überzeugte sich Engels, daß mit seinen jetzigen Ansichten ein Aufenthalt in dem pietistischen Barmen, in dem Schoße einer strenggläubigen und hochkonservativen Familie unverträglich war. Er hing also die Kaufmannschaft einstweilen an den Nagel und ging nach Brüssel, wohin auch Marx sich begeben hatte, der, Januar 1845,

auf Veranlassung der preußischen Regierung aus Frankreich ausgewiesen worden war. Und nun begann eine rege, gemeinsame
Arbeit beider. Die theoretischen Grundlagen ihres Wirkens
waren bald gewonnen; es galt jetzt einerseits auf ihnen ein neues
wissenschaftliches System aufzubauen, andererseits aber die tatsächlich vor ihren Augen vor sich gehende proletarische Bewegung
auf diese Grundlage zu stellen und zum Selbstbewußtsein zu
bringen. Die für Marx und Engels so bezeichnende innige
Vereinigung praktischen und theoretischen Wirkens, eines das
andere fördernd, bekam nun ein bestimmtes Ziel, das das Ziel
ihrer Lebensarbeit geblieben ist, auf das hin sie von nun an alle
ihre Kräfte planmäßig konzentrierten.

Ihre erste wissenschaftliche Aufgabe war die Schlußabrechnung
mit der gleichzeitigen deutschen Philosophie, also mit den Ausläufern der Junghegelschen Schule. Sie arbeiteten gemeinsam
eine Kritik der Nachhegelschen Philosophie aus (Stirner, Feuerbach, Bauer), die indes nicht veröffentlicht wurde. Aber, wie
Engels schreibt, „wir waren keineswegs der Absicht, die neuen
wissenschaftlichen Resultate in dicken Büchern ausschließlich der
„gelehrten" Welt zuzuflüstern. Im Gegenteil. Wir saßen beide
schon tief in der politischen Bewegung, hatten unter der gebildeten
Welt, namentlich Westdeutschlands, einen gewissen Anhang und
reichliche Fühlung mit dem organisierten Proletariat. Wir waren
verpflichtet, unsere Ansicht wissenschaftlich zu begründen; ebenso
wichtig aber war es für uns, das europäische und zunächst das
deutsche Proletariat für unsere Überzeugung zu gewinnen. Sobald wir erst mit uns selbst im reinen, ging's an die Arbeit.
In Brüssel stifteten wir einen deutschen Arbeiterverein und
bemächtigten uns der „Deutschen Brüsseler Zeitung". Ebenso
standen wir in einer Art Kartell mit den Brüsseler Demokraten
(Marx war Vizepräsident der demokratischen Gesellschaft) und
den französischen Sozialdemokraten von der „Reforme", der ich
Nachrichten über die englische und deutsche Bewegung lieferte.
Kurz, unsere Verbindungen mit den radikalen und politischen
Organisationen und Preßorganen waren ganz nach Wunsch."

Am wichtigsten wurde aber die Verbindung von Marx und
Engels mit dem internationalen „Bund der Gerechten", dem
späteren Kommunistenbund, den sie zum Vorläufer der
Internationale machten. Dieser Bund, unter den damaligen
politischen Verhältnissen notwendig ein Geheimbund innerhalb
öffentlicher Arbeitervereine, wie z. B. des kommunistischen Ar-
beiter-Bildungsvereins in London, war eine Gründung deutscher

Revolutionäre — meist Arbeiter — in Paris, halb Propaganda-, halb Verschwörungs-Gesellschaft, unter dem Einflusse des französischen Arbeiter-Kommunismus. Er wuchs rasch an, bald bildeten sich Sektionen in England und der Schweiz. London wurde nach 1839 der Mittelpunkt des Bundes, der auch in Belgien und Deutschland Sektionen bildete. Aus einem Verein deutscher Emigranten in Paris wurde er ein internationaler kommunistischer Verein.

Aber nicht nur an Ausdehnung nahm er zu, sondern auch an Klarheit. Der urwüchsige französische Arbeiter-Kommunismus genügte den leitenden Köpfen immer weniger; auch der Weitlingsche sektiererische Kommunismus nützte sich rasch ab. Gleichzeitig wuchs der Einfluß von Marx und Engels auf die sozialistischen und demokratischen Bewegungen, ihr neuer Standpunkt wurde in deren Kreisen bekannt.

So kam es, daß im Frühjahr 1847 Marx in Brüssel und Engels in Paris, wohin er sich von Brüssel begeben, von dem Uhrmacher Moll aufgesucht wurden, einem hervorragenden Mitgliede des Bundes, das Engels bereits 1843 in London kennen gelernt hatte. Moll forderte sie im Namen seiner Genossen zum Eintritt in den Bund auf, unter der Versicherung, daß man bereit sei, den konspiratorischen Charakter des Bundes fallen zu lassen und die neuen theoretischen Gesichtspunkte anzunehmen. Beide folgten dem Rufe. Im Sommer 1847 fand der erste Bundeskongreß in London statt, auf dem Engels die Pariser Mitglieder vertrat. Der Bund erhielt auf diesem Kongreß nicht nur einen neuen Namen — Bund der Kommunisten —, sondern auch eine völlig neue Organisation. Aus einer Verschwörergesellschaft wurde eine Propagandagesellschaft.

Der zweite Kongreß fand Ende November und Anfang Dezember desselben Jahres statt. An diesem nahm nicht nur Engels, sondern auch Marx teil. Die Umwandlung, die der erste Kongreß angebahnt hatte, wurde vollendet, die letzten Widersprüche und Zweifel erledigt, die neuen Grundsätze einstimmig angenommen, und Marx und Engels wurden beauftragt, das Manifest des Bundes auszuarbeiten.

Zu Anfang des Jahres 1848 erschien das Kommunistische Manifest. Aber noch war die Druckerschwärze nicht trocken, da brach die Revolution los, die das Manifest erwartete und für die es die Arbeiter vorbereiten wollte. Jetzt galt es nicht mehr Theorien entwickeln und propagieren, jetzt hieß es kämpfen.

4. Engels in der Revolution.

Nun begann eine neue Epoche in dem Leben von Marx und Engels. Sie eilten sofort nach Paris und von da nach Deutschland und übernahmen in Köln die Leitung eines täglichen Blattes, der „Neuen Rheinischen Zeitung".

Die Geschichte von Engels in dieser Zeit ist die der genannten Zeitung. Deren Geschichte erzählen, hieße aber die Geschichte des Jahres 1848 mit seinen Ausläufern erzählen. Darauf können wir uns natürlich nicht einlassen. Genug, zu keiner Periode ihres Lebens haben vielleicht Engels und Marx so offenkundig ihre bereits erwähnte Eigentümlichkeit an den Tag gelegt wie damals: die innige Vereinigung praktischen und theoretischen Wirkens, die Vereinigung des Gelehrten mit dem Politiker, des Kämpfers mit dem Kritiker. Niemand hat an den revolutionären Kämpfen entschiedener Anteil genommen als sie, niemand hat sich in diesen Kämpfen freier von Illusionen gehalten als sie.

Und niemals vielleicht war eine Bewegung so voll von Illusionen wie die von 1848, namentlich in dem politisch und ökonomisch so unreifen Deutschland, wozu natürlich auch Deutschösterreich gehörte: der revolutionäre Teil der Bourgeoisie, das Kleinbürgertum und die Arbeiter glaubten, mit dem Sturze der reaktionären Regierungen sei das Himmelreich auf die Erde gekommen; sie hatten keine Idee davon, daß der Sturz dieser Regierungen bloß der Anfang und nicht das Ende der revolutionären Kämpfe war, daß die errungene bürgerliche Freiheit den Boden bildete, auf dem sich der große Klassenkampf zwischen Bourgeoisie und Proletariat abspielen sollte, daß die Freiheit nicht den sozialen Frieden, sondern neue soziale Kämpfe brachte.

Man ist vielfach der Ansicht, die Revolution von 1848 sei gescheitert. Was in Wahrheit damals Schiffbruch litt, waren die Illusionen, welche die Gegensätze innerhalb der oppositionellen Klassen verdeckten, welche die Leute glauben machten, daß Ar-

beiter, Fabrikanten und Handwerker Brüder seien mit gemein=
samen Interessen, gemeinsamen Zielen. Diese Gemeinsamkeit
erstreckte sich aber bloß auf die Opposition gegen das herrschende
absolutistische System; die Revolution hat den Gegensatz
zwischen der Bourgeoisie und dem Proletariat enthüllt, gleich=
zeitig aber auch die politische Unfähigkeit des Kleinbürger=
tums.

Das Kleinbürgertum bildete die Seele der Bewegung von
1848, ihre Niederlage war vor allem die seine. Das Jahr 1848
bedeutete seinen politischen Bankerott. Überall trat das
Proletariat für das Kleinbürgertum ein, überall wurde es von
diesem schließlich verraten.

Die Arbeiterklasse war damals aber noch zu jung, zu unreif,
zu zersplittert, um eine Politik auf eigene Faust machen zu
können. Wo sie das versuchte, unterlag sie.

Die Bourgeoisie scheiterte nicht in ihren Bestrebungen
in der Revolution. Die Reaktion übernahm die Durchführung
der meisten ihrer Absichten. Das Proletariat (auf dem
Kontinent) lernte in der Revolution seine Freunde und Feinde
kennen, es erkannte zuerst seinen Gegensatz zur Bourgeoisie, die
Unzuverlässigkeit des Kleinbürgertums. Es lernte sich zuerst
fühlen, es gewann ein Klassenbewußtsein, ein Selbstbewußtsein.
Von der Februar=Revolution datiert diese seine Entwickelung
zur bewußt kämpfenden Klasse, namentlich in Deutschland.

Die einzige Klasse, die in jeder Beziehung verlor, ökonomisch,
politisch, moralisch, das war das Kleinbürgertum. Dies
scheiterte wirklich in der Niederlage der Revolution.

Alles das ist heute, zwei Menschenalter nach dem Kampf,
ziemlich klar. Im Jahre 1848 war die „Neue Rheinische Zeitung"
das einzige Blatt, waren die Männer der „Neuen Rheinischen
Zeitung" die einzigen, die das klar erkannten, die sich's zur
Aufgabe machten, die Illusionen der Massen nicht durch hohle
Phrasen zu nähren, sondern durch unbarmherzige Kritik zu ver=
nichten, die die kleinbürgerlichen Schwätzer im Frankfurter
Parlament ebenso mit der Lauge ihres Hohnes übergossen wie
die Reaktion und deren Landsknechte à la Lichnowsky. Nicht
etwa, daß sie mit ihrer Kritik Mutlosigkeit und Hemmnisse er=
zeugt hätten. Im Gegenteil, kein Blatt trieb energischer zum
Handeln an als die „Neue Rheinische Zeitung", zu entschiedenem
und raschem Handeln, solange der Gegner noch am Boden
lag, zur rücksichtslosen Niederwerfung aller Stützen des Alten,
die noch geblieben waren.

2*

Indes waren die Umstände stärker als die „Neue Rheinische Zeitung“. Die Reaktion siegte. Ein Teil der Rheinprovinz, die Hauptorte des bergisch-märkischen Industriebezirkes, Elberfeld, Düsseldorf, Solingen usw., erhoben sich im Mai 1849, um der einbrechenden Reaktion Widerstand zu leisten; Engels eilte auf die Nachricht davon augenblicklich von Köln nach Elberfeld, aber nur um zu sehen, wie der Aufstand rasch zusammenbrach. Die Arbeiter wurden vom Bürgertum überall im Stich gelassen und verraten.

Damit war auch das Schicksal der „Neuen Rheinischen Zeitung“ entschieden. Sie wurde am 19. Mai verboten, Marx ausgewiesen. Auch Engels, der wegen seiner Teilnahme am rheinländischen Aufstand verfolgt wurde, mußte Köln verlassen, wohin er von Elberfeld zurückgekehrt war und wo er sich verborgen hielt. Marx ging mit einem Mandat des demokratischen Zentral-Ausschusses nach Paris, wo sich eine neue Entscheidung vorbereitete, die auch für die deutsche Revolution von Wichtigkeit war; Engels ging in die Pfalz, die sich neben Baden zum Schutze der Reichsverfassung erhoben hatte, und schloß sich einem Freischarenkorps an, in dem er die Stelle eines Adjutanten des Kommandanten Willich bekleidete; er nahm an drei Gefechten Teil, sowie an dem Entscheidungstreffen an der Murg. 13000 meist schlecht geführte und schlecht disziplinierte Revolutionssoldaten standen dort 60 000 Preußen und Reichstruppen gegenüber, trotzdem siegten diese nur durch die Verletzung der Neutralität Württembergs, was ihnen eine Umgehung ermöglichte. Das Schicksal des badisch-pfälzischen Aufstandes wurde damit entschieden, das von vornherein kaum zweifelhaft gewesen war. Seine Seele hatte die süddeutsche Demokratie gebildet, eine fast ausschließlich kleinbürgerliche Partei, und all die Lächerlichkeit und Jämmerlichkeit des Kleinbürgertums kam in diesem Aufstande zum Vorschein, der ohne einige proletarische Elemente und die elende Kriegführung der Preußen noch rascher zusammengebrochen wäre, als es der Fall war.

„Politisch betrachtet“, sagt Engels über den badisch-pfälzischen Aufstand, „war die Reichsverfassungskampagne von vornherein verfehlt. Militärisch betrachtet, war sie es ebenfalls. Die einzige Chance ihres Gelingens lag außerhalb Deutschlands, im Siege der Republikaner in Paris am 13. Juni — und der 13. Juni schlug fehl. Nach diesem Ereignis konnte die Kampagne nichts mehr sein als eine mehr oder minder blutige Posse. Sie war weiter nichts. Dummheit und Verrat ruinierten sie vollends.

Mit Ausnahme einiger weniger waren die militärischen Chefs
Verräter oder unberufene, unwissende und feige Stellenjäger,
und die wenigen Ausnahmen wurden überall von den übrigen
wie von der Brentano'schen Regierung im Stiche gelassen*). . . .
Wie die Chefs, so die Soldaten. Das badische Volk hat die
besten kriegerischen Elemente in sich; in der Insurrektion wurden
diese Elemente von vornherein so verdorben und vernachläßigt,
daß die Misère daraus entstand, die wir geschildert haben.
Die ganze „Revolution" löste sich in eine wahre Komödie auf,
und es war nur der Trost dabei, daß der sechsmal stärkere
Gegner noch sechsmal weniger Mut hatte.

Aber diese Komödie hat ein tragisches Ende genommen,
dank dem Blutdurst der Konterrevolution. Dieselben Krieger,
die auf dem Marsch oder dem Schlachtfelde mehr als einmal
von panischem Schrecken ergriffen wurden, sie sind in den Gräben
von Rastatt gestorben wie die Helden. Kein einziger hat ge-
bettelt, kein einziger hat gezittert. Das deutsche Volk wird die
Füsiladen und die Kasematten von Rastatt nicht vergessen; es
wird die großen Herren nicht vergessen, die diese Infamien befohlen
haben, aber auch nicht die Verräter, die sie durch ihre Feigheit
verschuldeten: die Brentanos von Karlsruhe und von Frankfurt."
(„Die deutsche Reichsverfassungs-Kampagne" von Fr. Engels,
„Neue Rheinische Zeitung", politisch-ökonomische Revue, redigiert
von Karl Marx, 1850, 3. Heft, S. 80. Neu abgedruckt in der
schon erwähnten Mehringschen Ausgabe der Schriften von Marx
und Engels von 1841—1850, III. Bd. S. 383).

Engels war einer der letzten der geschlagenen Armee, die
auf Schweizer Gebiet übertraten, nachdem alles verloren war,
am 11. Juli 1849. Er blieb einige Monate in der Schweiz.
Inzwischen hatte Marx sich nach London begeben. Wir wissen,
daß dieser im Auftrage des revolutionären demokratischen Zentral-
ausschusses nach Paris gegangen war, wo die Demokraten eine
Erhebung vorbereiteten, von der nicht nur das Schicksal der
französischen, sondern auch das der deutschen Demokratie abhing.
Die Erhebung vom 13. Juni 1849, auf die Engels in der mit-
geteilten Stelle anspielt, schlug fehl. Damit war auch die
Stellung von Marx in Paris unhaltbar geworden. Er wurde vor
die Wahl gestellt, sich entweder in die Bretagne zurückzuziehen
oder Frankreich gänzlich zu verlassen. Er ging nach London.

---

*) Brentano, ein Advokat, war der politische Leiter des
badischen Aufstandes, den er verriet.

Da sich in der Schweiz keine Aussicht auf befriedigende Tätigkeit bot, begab sich auch Engels nach England. Da aber der Weg durch Frankreich zu gefährlich war — die französische Regierung schickte nach London durchreisende deutsche Flüchtlinge manchmal ohne weiteres über Havre nach Amerika —, nahm er den Weg über Genua und von da auf einem Segelschiff über Gibraltar nach London.

Die Mehrzahl der leitenden Mitglieder des Kommunistenbundes sowie die Mehrzahl der deutschen „großen Männer“ von 1848 fand sich im Herbst 1849 dort zusammen. Man ging an eine Neuorganisation, um die propagandistische Tätigkeit von neuem wieder aufzunehmen. Noch hatte sich die revolutionäre Aufregung nicht gelegt, noch schien es notwendig, auf eine neue revolutionäre Erhebung vorbereitet zu sein. Aber wie ganz anders faßten Marx und Engels diese Vorbereitung auf als die Mehrheit der demokratischen Emigration! Während dieser die Lösung der Aufgabe, an der sie eben gescheitert, ein Kinderspiel erschien, während ihre Illusionen immer chimärischer wurden und ihre Manifestationen immer bombastischer, je mehr sie die Fühlung mit den tatsächlichen Verhältnissen der Heimat verloren, arbeiteten Marx und Engels ruhig, aber unermüdlich daran, die Organisation des Kommunistenbundes zu festigen und propagandistisch wie kritisch auf Deutschland zu wirken, daneben aber auch ihre eigene geistige Entwickelung zu fördern.

Die Resultate ihrer damaligen kritischen und wissenschaftlichen Tätigkeit sind in einer Monatsschrift niedergelegt, die sie 1850 herausgaben und der sie den Namen ihres verbotenen Kölner Blattes gaben, der „Neuen Rheinischen Zeitung“; sie erschien in Hamburg. Marx veröffentlichte darin eine kritische Geschichte der französischen Bewegungen von 1848 und 1849*), die die Grundlage bildete für seine spätere Schrift: „Der 18. Brumaire“. Engels beschrieb in einer Reihe von Artikeln die deutsche Reichsverfassungskampagne. Eine Stelle daraus haben wir oben zitiert. Von seinen übrigen Beiträgen ist zu erwähnen einer über „die englische Zehnstundenbill“,**) der heute freilich nur noch von historischem Interesse ist, da eine Reihe von Voraussetzungen, von denen er ausging, nicht mehr existieren. Wenn man

---

*) Diese Aufsätze wurden 1895 von Engels in Berlin (Buchhandlung des „Vorwärts“) neu herausgegeben unter dem Titel: Die Klassenkämpfe in Frankreich 1848—50.

**) Abgedruckt in der Mehringschen Sammlung, III, S. 384.

den Artikel liest, kommt man so recht zum Bewußtsein der in=
dustriellen Revolution, die wir seitdem durchgemacht haben. Einer
der wichtigsten Beiträge von Engels war aber seine Artikelserie
über den deutschen Bauernkrieg, die später, nach dem
Wiederaufleben der sozialistischen Bewegung, in den siebziger
Jahren in Broschürenform erschien*). Diese Arbeit ist die erste
historische Darstellung vorkapitalistischer Verhältnisse vom Stand=
punkt der materialistischen Geschichtsauffassung.

Inzwischen zeigte die Entwickelung der tatsächlichen Ver=
hältnisse denen, die sie aufmerksam beobachteten, anstatt in einer
selbstgeschaffenen Traumwelt zu leben, daß die Revolution vor=
läufig zu Ende und an eine baldige Erhebung nicht zu denken
sei. So unangenehm diese Erkenntnis auch war, Marx und
Engels verschlossen sich ihr nicht nur nicht, sie hatten auch den
Mut, ihr Ausdruck zu geben, wie sie es denn stets als ihre
Aufgabe betrachteten, Illusionen zu zerstören, nicht zu nähren.

In ihrer Revue der Ereignisse vom Mai bis Oktober, ge=
schrieben am 1. November 1850, konstatierten sie, daß im Handel
und der Industrie allgemeine Prosperität herrsche. „Bei dieser
allgemeinen Prosperität," schrieben sie, „worin die Produktiv=
kräfte der bürgerlichen Gesellschaft sich so üppig entwickeln, wie
dies innerhalb der bürgerlichen Verhältnisse überhaupt möglich
ist, kann von einer wirklichen Revolution keine Rede
sein. Eine solche Revolution ist nur in den Perioden möglich,
wo diese beiden Faktoren, die modernen Produktivkräfte
und die bürgerlichen Produktionsformen, miteinander in
Widerspruch geraten. Die verschiedenen Zänkereien, in denen
sich jetzt die Repräsentanten der einzelnen Fraktionen der kon=
tinentalen Ordnungspartei ergehen und gegenseitig kompromittieren,
weit entfernt, zu neuen Revolutionen Anlaß zu geben, sind im
Gegenteil nur möglich, weil die Grundlage der Verhältnisse
momentan so sicher und, was die Reaktion nicht weiß, so
bürgerlich ist. An ihr werden alle die bürgerliche Entwickelung
aufhaltenden Reaktionsversuche ebenso sehr abprallen wie alle
sittliche Entrüstung und alle begeisterten Proklamationen der
Demokraten." (5. und 6. Heft, S. 153, Mehringsche Ausgabe,
III, S. 467.)

Wir wissen heute, daß Marx und Engels recht hatten.
Aber bittere Wahrheiten anzunehmen, ist nicht jedermanns Sache.

*) Jetzt neu herausgegeben von Mehring mit einer Einleitung
im Verlag „Vorwärts".

Alle jene, die da glaubten, daß zu einer Revolution nichts nötig sei als eine gehörige Dosis guten Willens, alle jene, die glaubten, man könne eine Revolution nach Belieben machen, wenn man Lust dazu verspüre — kurz, die weitaus größere Mehrheit der revolutionären Flüchtlinge in England, die damals die radikale bürgerliche Opposition gegen die europäische Reaktion repräsentierten, sie alle erhoben sich gegen Marx und Engels. Die „Neue Rheinische Zeitung" verlor ihre Leser und mußte ihr Erscheinen einstellen; im Kommunistenbund brach eine Spaltung aus, seine tätigsten Mitglieder in Deutschland kamen durch die Stieberschen Machinationen für Jahre hinaus ins Gefängnis: mit der Aussicht auf eine baldige Erhebung brach für einige Zeit auch die sozialistische Propaganda zusammen.

5. Weitere theoretische Arbeit.

Mit der politischen Aktion war es für längere Zeit zu Ende. Von 1850 an war Marx und Engels jede literarische Tätigkeit in Deutschland abgeschnitten, der Bann der Demokraten lastete auf ihnen ebenso wie der der Regierungen. Kein Verleger hätte ein Werk von ihnen angenommen, keine Zeitung ihre Mitarbeiterschaft. Marx zog sich aufs britische Museum zurück, begann seine ökonomisch-geschichtlichen Studien wieder von vorne an und legte den Grund zu seinem großen Werk „Das Kapital". Nebenbei schrieb er für die „New-York-Tribüne", deren europäischer Redakteur er tatsächlich fast zwanzig Jahre lang war. Engels ging 1850 nach Manchester, wurde wieder Kommis in der Baumwollfabrik, in der sein Vater Teilhaber war; er wurde 1864 selbst Associé und gab 1869 das Geschäft endgültig auf. Durch die Firma „Ermen und Engels" auf den Nähgarnspulen dürfte sein Name mancher Arbeiterfrau bekannt geworden sein, der sein Wirken für die Arbeiterklasse unbekannt geblieben ist.

Zwanzig Jahre lang blieben die beiden Freunde mit kurzen Unterbrechungen getrennt, aber ihr geistiger Verkehr wurde dadurch nicht unterbrochen. Fast täglich schrieben sie einander und tauschten ihre Ansichten über die Vorgänge auf den Gebieten der Politik, des Wirtschaftslebens und der Wissenschaft aus.

In Manchester setzte Engels neben dem Geschäft seine Studien fort. Vor allem betrieb er Kriegsgeschichte und Militärwissenschaften, deren Unentbehrlichkeit ihm die Kampagne von 1849 klargemacht hatte, und für die ihm seine Dienstzeit in der Artillerie (als Einjährig-Freiwilliger) eine praktische Grundlage bot. Dann vergleichende Sprachkunde — von jeher seine Lieblingswissenschaft — und Naturwissenschaften. Während des italienischen Krieges von 1859 veröffentlichte er anonym eine militärische Broschüre „Po und Rhein", worin er einerseits der österreichischen Theorie entgegentrat, der Rhein müsse am Po

verteidigt werden, andererseits den „kleindeutschen" preußischen
Liberalen, die der Niederlage Österreichs entgegenjubelten und
nicht sahen, daß Bonaparte der gemeinsame Feind war. Eine
zweite Broschüre ähnlichen Inhalts, „Savoyen, Nizza und der
Rhein", folgte nach dem Kriege. Während des preußischen
Militärkonflikts (1865) gab er eine weitere Broschüre heraus,
„Die preußische Militärfrage und die deutsche Arbeiterpartei",
worin die Widersprüche und Halbheiten der Liberalen und Fort=
schrittler gegeißelt und ausgesprochen wurde, eine wirkliche Lösung
der Militärfrage wie aller anderen ernstlichen Fragen könne nur
durch die Arbeiterpartei erfolgen. Während des deutsch=franzö=
sischen Krieges schrieb er eine Reihe militärisch=kritischer Artikel
in die Londoner „Pall Mall Gazette", worin er unter anderem so
glücklich war, bereits am 25. August die Schlacht von Sedan
(2. September) und den Untergang der französischen Armee
vorherzusagen.

Hatte während dieser Zeit bereits eine Arbeitsteilung der
Studien zwischen Marx und Engels stattgefunden, so entwickelte
sich nach Engels Übersiedelung nach London (1870) jene eigen=
tümliche Arbeitsteilung zwischen den beiden, die ihr Schaffen
so sehr gefördert hat. Während Marx fortfuhr, die gemeinsam
gefundene Theorie systematisch für die wissenschaftliche Welt aus=
zuarbeiten und darzulegen, setzte Engels sich die Aufgabe, einer=
seits die Theorie polemisch zu vertreten, wenn sich Gegner fanden,
die der Mühe wert waren, und andererseits die großen Fragen
der Gegenwart an der Hand dieser Theorien zu untersuchen und
die Stellung des Proletariats ihnen gegenüber zu erforschen.
Natürlich war diese Scheidung der Arbeitsgebiete keine pe=
dantische; oft arbeiteten sie zusammen, stets tauschten sie ihre
Ideen aus.

Wie Engels selbst sein Verhältnis zu Marx in wissenschaft=
licher Beziehung auffaßte und gestaltete, davon gibt er an ver=
schiedenen Orten Zeugnis. In der Vorrede zur zweiten Auflage
seines Buches „Herrn Eugen Dührings Umwälzung der Wissen=
schaft" sagt er (S. 10): „Da die hier entwickelte Anschauungs=
weise zum weitaus größeren Teil von Marx begründet und ent=
wickelt worden und nur zum geringsten Teil von mir, so ver=
stand es sich unter uns von selbst, daß diese meine Darstellung
nicht ohne seine Kenntnis erfolgte. Ich habe ihm das ganze
Manuskript vor dem Druck vorgelesen, und das zehnte Kapitel
des Abschnittes über Ökonomie („Aus der kritischen Geschichte")
ist von Marx geschrieben und mußte nur, äußerlicher Rücksichten

halber, von mir leider verkürzt worden*). Es war aber von jeher unser Brauch, uns in Spezialfächern gegenseitig auszuhelfen."

Charakteristisch für Engels und sein Verhältnis zu Marx ist auch folgende Stelle aus einem Privatbrief von ihm an einen alten, treuen Genossen. Er sagt da: „Ich habe mein Leben lang zweite Violine gespielt und glaube es zu einiger Virtuosität darin gebracht zu haben, und ich war verdammt froh, daß ich dabei eine so gute erste Violine hatte wie Marx. Jetzt aber, wo ich in Vertretung der Theorie selbst erste Violine spielen soll, muß ich mich sehr in acht nehmen, daß ich mich nicht blamiere."

Der erwähnten Arbeitsteilung ist es wohl zum größten Teil zuzuschreiben, daß, während die Marxschen Studien in einem Hauptwerk, dem „Kapital", konzentriert sind, das Ergebnis der Engelsschen Forschungen in zahlreichen meist kleineren Schriften zerstreut ist. So ist es aber auch gekommen, daß, während man über die Unverständlichkeit von Marx klagt und die meisten Leute mehr über das „Kapital" lesen als dieses selbst, Engels als Meister der populären Darstellung gilt, seine Schriften von allen denkenden Proletariern gelesen werden und die Mehrzahl derjenigen, die sich mit dem Sozialismus befassen, aus diesen Schriften die Kenntnis und das Verständnis der Marx-Engelsschen Theorie schöpfen.

Bei dieser Gelegenheit eine kleine Bemerkung. Die meisten unserer Freunde, sobald sie einmal zur Erkenntnis gekommen, daß der Sozialismus nicht eine Sache des guten Herzens, sondern eine Wissenschaft ist, zu deren Verständnis nicht bloß guter Wille, sondern auch eine gewisse Dosis von Kenntnissen gehört, werfen sich mit Feuereifer sogleich auf das „Kapital", beißen sich an der Werttheorie die Zähne aus und lassen dann das Ganze stehen. Sie werden ein ganz anderes Resultat erzielen, wenn sie zunächst die Engelsschen Broschüren vornehmen und erst nachdem sie diese gründlich studiert, sich ans „Kapital" heranmachen.

Die Engelsschen Schriften sind der Mehrzahl nach Gelegenheitsschriften; aber sie sind keine Eintagsfliegen, die mit der Gelegenheit vergehen, die sie hervorgerufen. Die einen von ihnen behalten ihren Wert für uns durch ihre scharfe Charakterisierung der historischen Situation, die sie veranlaßt hat, um so mehr, wenn wir uns heute in ähnlicher Situation befinden. So spielt z. B. „Der preußische Schnaps im deutschen Reichstage"

*) In der 1894 bei J. H. W. Dietz erschienenen dritten Auflage ist dieses Kapitel durch wesentliche Zusätze erweitert worden.

auch jetzt noch mitunter eine nicht minder erhebliche Rolle, als zu der Zeit, wo Engels die Artikel mit dem genannten Titel im „Volksstaat" veröffentlichte (1876), die auch im Separatabdruck erschienen sind. Engels schrieb damals unter anderem: „Wohin wir uns wenden, überall finden wir preußischen Sprit. Der preußische Sprit reicht unvergleichlich weiter als der Arm der deutschen Reichsregierung. Und wo wir diesen Sprit finden, dient er vor allem — der Fälschung. Er wird das Mittel, wodurch südeuropäische Weine verschiffbar und damit der inländischen arbeitenden Bevölkerung entzogen werden. Und wie die Lanze des Achilles die Wunden heilt, die sie geschlagen, so bietet der preußische Sprit den des Weines beraubten Arbeiterklassen gleichzeitig den Ersatz in verfälschtem Branntwein. Kartoffelsprit ist für Preußen das, was Eisen und Baumwollwaren für England sind, der Artikel, der es auf dem Weltmarkt repräsentiert . . . Die Brennerei zeigt sich als die eigentliche materielle Grundlage des gegenwärtigen Preußens . . . Mehr und mehr begünstigt von der Nachfrage, konnte sie (die preußische Brennerei) sich zur Zentralschnapsfabrik der Welt erheben. Unter den vorgefundenen gesellschaftlichen Verhältnissen hieß dies nichts anderes, als die Ausbildung einerseits einer Klasse mittelgroßer Grundbesitzer, deren junge Söhne das Hauptmaterial liefern für die Offiziere der Armee und für die Bureaukratie . . ., andererseits einer sich verhältnismäßig rasch vermehrenden Klasse der Halbhörigen, aus denen sich die Masse der „Kernregimenter" der Armee rekrutiert . . . Kurz, wenn Preußen in den Stand gesetzt wurde, die 1815 verschluckten westelbischen Brocken einigermaßen zu verdauen, 1848 die Revolution in Berlin zu erdrücken, 1849 trotz der rheinisch-westfälischen Aufstände an die Spitze der Reaktion zu treten, 1866 den Krieg mit Österreich durchzuführen und 1871 ganz Kleindeutschland unter die Führung des zurückgebliebensten, stabilsten, ungebildetsten, noch halb feudalen Teils von Deutschland zu bringen, wem verdankt es das? Der Schnapsbrennerei." (S. 10—13.)

Die Broschüre über „Die Bakunisten an der Arbeit"*) beleuchtet die anarchistischen Putsche in Spanien aus dem Jahre 1873.

*) Unter dem Titel „Internationales aus dem Volksstaat" (Berlin, Buchhandlung des „Vorwärts") sind 1894 neben den „Bakunisten" folgende Aufsätze von Engels mit Vorwort und Nachwort neu herausgegeben worden: „Abermals Herr Vogt" (1871), „Zwei Flüchtlingskundgebungen" (1874), „Soziales aus Rußland" (1875).

Die anderen Gelegenheitsschriften von Engels sind meist polemischer Natur; aber die Polemik ist nur die Veranlassung zur positiven Entwickelung verschiedener Seiten der eigenen Theorie.

Daher sind sie nicht veraltet, wie man am deutlichsten aus der Tatsache ersieht, daß immer wieder neue Auflagen derselben notwendig wurden. Dies ist unter anderem der Fall mit der „Wohnungsfrage", einer Polemik gegen den kleinbürgerlichen Proudhonisten Mülberger. Die Broschüre erschien 1872 zuerst im „Volksstaat" in einer Reihe von Artikeln, dann im Separatabdruck und wurde später in Zürich von der Volksbuchhandlung neu herausgegeben mit einem Vorwort, das namentlich die neue industrielle Entwickelung Deutschlands charakterisiert und das die zweite Auflage auch für die Besitzer der ersten wertvoll macht.

1875 erschien, ebenfalls als Separatabdruck aus dem „Volksstaat", die Broschüre „Soziales aus Rußland"*), eine Polemik gegen den Bakunisten Tkatschoff, die Veranlassung gibt, den Standpunkt des modernen wissenschaftlichen Sozialismus gegenüber den russischen Verhältnissen und Einrichtungen festzustellen. Von besonderem Interesse ist es, was Engels über die Arteli (urwüchsige Genossenschaften) und den Gemeindekommunismus der Russen und die Bedeutung dieser Institutionen für den Sozialismus sagt.

Zwei Jahre später veröffentlichte Engels seine Polemik gegen Dühring. Es war ein Jahr vor Erlaß des Sozialistengesetzes. Ein Teil der deutschen Sozialdemokratie wiegte sich in den kühnsten Illusionen: das Schwerste schien überwunden und mancher sah schon den Tag kommen, wo eine sozialdemokratische Majorität im Deutschen Reichstage die Einführung des „sozialistischen Staates" beschließen werde, und zerbrach sich bereits den Kopf darüber, wie dessen Durchführung am einfachsten und schmerzlosesten zu gestalten wäre. Die Sozialdemokratie war die aufsteigende Sonne, und nicht nur das Proletariat wandte sich ihr zu, sondern eine ganze Menge mißvergnügter Elemente der besitzenden Klassen, verkannte Genies, die bei den Arbeitern die Anerkennung zu finden hofften, die ihnen die Bourgeoisie verweigerte, Impfgegner, Naturheilärzte, Literaten aller Art, Schäffles und Konsorten. Es war schwer, diese Leute von denjenigen bürgerlichen Elementen zu unterscheiden, die wirklich aus Interesse für das Proletariat und nicht aus bloßem Ärger über

---

*) Siehe vorhergehende Note.

die Bourgeoisie zu uns kamen. Von einem Teil der Genossen, namentlich den jüngeren und unerfahreneren, wurden alle diese Zuzügler freudig aufgenommen: in der Tat, wenn selbst Professoren und Doktoren sich zur Sozialdemokratie bekehrten, dann war deren Sieg nicht mehr weit.

Aber die Herren Professoren und Doktoren hatten keineswegs die Absicht, mit der Bourgeoisie zu brechen. Sie wollten allerdings mit Hilfe der Sozialdemokratie eine Rolle spielen, sie wollten aber durch sie auch die Anerkennung der Bourgeoisie erringen. Es handelte sich daher für sie vor allem darum, die Sozialdemokratie respektabel, salonfähig zu machen, ihr ihren proletarischen Charakter zu nehmen.

Da galt es, den bürgerlich-ideologischen Elementen, die auf die Sozialdemokratie in dieser Weise Einfluß zu nehmen begannen, einen Riegel vorzuschieben. Einer der hervorragendsten und begabtesten unter diesen Salon-Sozialisten war unstreitig der Berliner Privatdozent Eugen Dühring, ein Mann von großen Geistesfähigkeiten, der bedeutendes hätte leisten können, wenn er etwas mehr von der Marx-Engelschen Selbstkritik und weniger von dem Erbübel des deutschen Literaten, dem Größenwahn, in sich gehabt hätte. So glaubte Herr Dühring, sein Genie überhebe ihn der Notwendigkeit, die Verhältnisse, über die er philosophierte, auch gründlich zu studieren. Er war weniger philisterhaft und kühner als Schäffle und begann in Berlin namentlich auf die jüngeren Elemente der Partei großen Einfluß zu üben. Er war kein verächtlicher Gegner, und daher drangen bewährte Genossen in Engels, er möge selbst gegen den Mann auftreten, die Hohlheit seiner Philosophie darlegen, daneben aber auch den Charakter unserer Bewegung scharf hervorheben.

Dies die Entstehungsgeschichte des „Anti-Dühring", wie man das Buch meist kurz benennt, dessen Titel lautet: „Herrn Eugen Dührings Umwälzung der Wissenschaft". Weitere Auflagen erschienen später, nachdem früher schon einige Abschnitte daraus mit Hinweglassung der polemischen Stellen als besondere Broschüre unter dem Titel: „Entwickelung des Sozialismus von der Utopie zur Wissenschaft" erschienen waren, die auch seitdem mehrere Auflagen erlebte.

Die Veranlassung des „Anti-Dühring" ist längst vergessen. Nicht nur Herr Dühring ist für die Sozialdemokratie abgetan, der ganze Troß der akademischen und platonischen Sozialisten ist vom Sozialistengesetz weggefegt worden, welches wenigstens das eine Gute hatte, zu zeigen, wo die verläßlichen Stützen unserer

Bewegung zu suchen sind. Das Buch selbst hat aber trotz dieser Umwandlung der Verhältnisse kein Jota an Bedeutung verloren. Dühring war sehr vielseitig gewesen, er schrieb über Mathematik und Mechanik wie über Philosophie und Nationalökonomie, über Juristerei wie über Urgeschichte usw. Auf alle diese Gebiete folgte ihm Engels, der ebenso vielseitig war wie Dühring, aber in etwas anderer Weise. Seine Vielseitigkeit war gepaart mit einer Gründlichkeit, die heute fast nur noch bei einseitig gebildeten Spezialgelehrten gefunden wird und auch da nicht oft. Denn die moderne Wissenschaft ist vom Charakter der modernen Produktionsweise angesteckt worden, auch in ihr gelangt der Grundsatz des fieberhaft raschen, schleuderhaften Produzierens immer mehr zur Geltung: die Produkte der modernen Wissenschaft sind wie die der modernen Industrie: billig und schlecht. Womit nicht gesagt sein soll, daß für die schlechten Produkte, wenn sie gerade Modeartikel sind, nicht auch mitunter horrende Preise bezahlt werden.

Der oberflächlichen Vielseitigkeit des Herrn Dühring verdanken wir es, daß der „Anti-Dühring" zu einem Buch ward, das die wichtigsten Punkte des gesamten modernen Wissens vom Standpunkte der Marx-Engelsschen materialistischen Dialektik aus behandelt. Nächst dem „Kapital" ist der „Anti-Dühring" das grundlegende Werk des modernen Sozialismus geworden.

6. Die Internationale.

Über der literarischen haben wir die praktische politische Tätigkeit Engels fast aus den Augen verloren. Kehren wir wieder dazu zurück.

Die Arbeiterbewegung, die auf dem Kontinent von Europa nach den Schlägen von 1848 und 1849 fast völlig aufgehört hatte, begann sich im Anfang der sechziger Jahre wieder allenthalben zu regen, nicht bloß in Deutschland, sondern auch in Frankreich, Belgien, England. Selbst in Spanien und Italien rührte sich die Arbeiterklasse. Alle diese zersplitterten und unklaren Regungen in eine einheitliche, klare und zielbewußte Bewegung zu verwandeln, war die Aufgabe, welche die „Internationale" sich stellte, die 1864 in London gegründet wurde, eine Gesellschaft zur Förderung der Organisation und Propaganda unter den Proletariern aller Länder, nicht eine Verschwörungsgesellschaft, wie vielfach behauptet worden ist. Die geistige Führerschaft des Bundes fiel Marx ohne dessen Zutun vermöge seiner geistigen Bedeutung zu. Daß Engels sich vom Bunde nicht fern hielt, ist selbstverständlich. Seine volle Kraft konnte er ihm jedoch erst widmen, seitdem er sich vom Geschäft zurückgezogen hatte und nach London übersiedelt war (1870). Er kam eben recht, denn gerade damals begannen jene gewaltigen Kämpfe, die der deutsch-französische Krieg entfesselte: die höchsten Anforderungen wurden an die Kraft der „Internationale" gestellt, sie konnte keinen Mann entbehren.

Das Jahr 1870 brachte eine Umwälzung, die sich in bezug auf Gewalttätigkeiten mit den früheren Revolutionen wohl messen darf. Wenige dürften so viele Opfer gekostet haben wie der deutsch-französische Krieg. Und diese Revolution war nicht auf Deutschland und Frankreich beschränkt. Auch andere Mächte benutzten die Gelegenheit, beschworene Verträge zu zerreißen und überkommene Eigentumsrechte zu vernichten. Das waren nicht „wüste" Kommunisten, sondern die Wahrer der „Ordnung und des Rechtes"; Viktor Emanuel besetzte Rom, und der Zar aller

Reußen erklärte, er halte sich nicht nehr an den von ihm unter=
zeichneten Pontusvertrag gebunden, der die Neutralität des
Schwarzen Meeres festsetzte.

Kam beim Sieger und dessen Freunden die Revolution von
oben, so bei den Besiegten natürlich von unten. Das Kaiser=
reich wurde in Frankreich weggefegt, und als nach dem Friedens=
schluß die royalistische Nationalversammlung Miene machte, die
Republik abermals zu verraten, erhob sich Paris, um die bedrohte
Freiheit zu retten. Noch einmal wiederholte sich das alte
Schauspiel von 1848: das Kleinbürgertum sandte die Arbeiter
ins Feuer, um dann mitten im Kampfe vor seinen eigenen
Bundesgenossen Angst zu bekommen und ihre Kraft zu lähmen.
Aber das Proletariat von 1871 war ein anderes als das von
1848 und 1849. Es war stärker und reifer geworden. Je
länger dieser Kampf in Paris gedauert hatte, desto mehr war
dessen Last vom Kleinbürgertum auf das Proletariat über=
geglitten, desto offenkundiger wurde dieses zur treibenden und
stützenden Kraft der revolutionären Bewegung. Zum ziel=
bewußtesten und entschiedensten Teil des Proletariats von Paris
gehörten aber die dortigen Mitglieder der „Internationale".
Hat auch diese die Erhebung der Kommune nicht gemacht, so
fiel doch ihr deren Leitung wenigstens in ökonomischer Be=
ziehung zu, nachdem der Kampf einmal entbrannt war. Der
„Internationale" wurde die Verantwortung für die Kommune
in die Schuhe geschoben, und weit entfernt, diese abzulehnen,
erklärte sie sich mit der Pariser Erhebung solidarisch. Das
schlug dem Faß den Boden aus. Die „Internationale", schon
längst ein Gegenstand des Schreckens und des Abscheues für
jeden „Gutgesinnten", wurde nun, nach dem Fall der Kommune,
vollends fast überall auf dem Kontinent in die Acht erklärt.
Die einflußreichsten englischen Arbeiter zogen sich gleichzeitig
von ihr zurück. Noch war die Zeit für den Sozialismus in
England nicht wiedergekommen, die englischen Arbeiter bildeten
politisch ein Anhängsel des radikalen Teils der Bourgeoisie.
Als sich daher die „Internationale" durch ihr Eintreten für
die Kommune „kompromittiert" hatte, zogen sie sich von ihr zu=
rück. Zu alledem kamen noch Spaltungen in der „Internatio=
nale" selbst. Die Sozialisten vor Marx und Engels hatten für
den Klassenkampf der Arbeiterklasse nicht genügendes, oft gar
kein Verständnis gehabt. Dieser Kampf war naturnotwendig
ein politischer, sein Ziel ging nach der Erringung der poli=
tischen Macht durch das Proletariat, um sie in dessen Interesse

zu benutzen. Die Mehrzahl der damaligen Sozialisten dagegen, angeekelt vom Getriebe der alten Parteien, wollten die neue Gesellschaft nicht im Kampfe der Arbeiterklasse gegen die alte Gesellschaft erstehen lassen, sondern hinter dem Rücken dieser Gesellschaft, außerhalb des Bereichs ihrer korrumpierenden Einflüsse. Sie predigten daher Enthaltung von jeder politischen Tätigkeit, Enthaltung von jedem Klassenkampf, um durch die vereinzelte „Propaganda der Tat" einzelner vorgeschrittener Individuen die Volksmassen zur Überzeugung von der Notwendigkeit und Nützlichkeit des Sozialismus zu bringen. Da aber diese Sozialisten sehr friedliebende Leute waren, die in dem naturnotwendigen Gegensatz zwischen der Klasse der Arbeiter und der der Kapitalisten nur ein Unglück sahen, nicht aber einen Hebel des geschichtlichen Fortschritts, und diesen Gegensatz durch Aufklärung der Kapitalisten über ihr wahres Interesse zu beseitigen hofften, waren die Mittel ihrer „Propaganda der Tat" sehr harmlose: Gründung von Produktivgenossenschaften, von sozialistischen Kolonien und dergleichen.

Die große Tat von Marx und Engels bestand darin, die künstliche Kluft zwischen theoretischem Sozialismus und praktischer politischer Arbeiterbewegung zu überbrücken und so der kommenden gesellschaftlichen Umgestaltung jene Kraft dienstbar zu machen, die allein berufen und ausreichend ist, sie zu verwirklichen, die Kraft des nach seiner Emanzipation ringenden Proletariats. An Stelle der Bemühungen einzelner setzten sie die Wucht der ganzen Arbeiterklasse; an Stelle des guten Willens des Menschenfreundes die Naturnotwendigkeit, welche die Arbeiterklasse bei Strafe ihres Unterganges zwingt, sich dem kapitalistischen Druck zu widersetzen. Gegenüber zersplitterten Versuchen in zwerghaftestem Maßstab erklärten sie, daß die Neugestaltung der Gesellschaft nur das Resultat des gemeinsamen und einheitlichen Vorgehens der zielbewußten Proletarier aller Länder sein könne, daß die neue Produktionsweise der Zukunft nicht aus einzelnen autonomen Genossenschaften, Kolonien oder Gemeinden erstehen könne, sondern nur infolge der Aneignung der Produktionsmittel und der planmäßigen Organisation der Arbeit durch die verbündeten Nationen der heute kapitalistischen Zivilisation.

Diesen Standpunkt hatten sie im Kommunistischen Manifest zum Ausdruck gebracht; er bildete auch die Grundlage der „Internationale".

Die Zeit für den alten unpolitischen Sozialismus schien in der Tat vorbei. Überall waren Arbeiterparteien mit einem sozialistischen und politischen Programm im Entstehen begriffen. Das Jahr 1848 hatte die Illusion für alle denkenden Arbeiter zerstört, daß zwischen ihnen und der Bourgeoisie nur Miß= verständnisse obwalteten. Der Klassenkampf war in Europa auf der ganzen Linie entbrannt. Für den friedlichen, unpolitischen Sozialismus war keine Stätte mehr vorhanden, die Frage der politischen Aktion für die Arbeiterklasse keine Doktorfrage mehr, sondern eine Lebensfrage geworden.

Dennoch sollte wieder ein unpolitischer Sozialismus erstehen, hauptsächlich ausgehend von ökonomisch rückständigen Ländern, in denen die Arbeiterklasse sich eben erst zu regen begann, wie Spanien und Italien, oder Gegenden, wo das kleinbürgerliche Element noch stark überwog, wie Paris, Ländern, in denen die Arbeiterklasse politisch rechtlos war, wie Belgien, oder endlich Ländern, in denen von einem Klassenkampf der Arbeiterklasse überhaupt noch nicht die Rede war, wie Rußland. Aber dieser neue unpolitische Sozialismus konnte kein friedlicher mehr sein. Der Klassenkampf der Arbeiterklasse war zu offenkundig geworden. An Stelle der „Propaganda der Tat" der einzelnen durch Kolonien und Genossenschaften setzte er daher die „Propaganda der Tat" der einzelnen durch Verschwörungen und Putsche. Der Mann, der den alten unpolitischen Sozialismus, namentlich Proudhons, in dieser Weise der neuerstandenen Kampfessituation anpaßte und so den modernen Anarchismus schuf, war Bakunin.

Sein Einfluß in der „Internationale" stieg immer höher und es wurde notwendig, ihm entgegenzutreten, sollte nicht das Werk, an dem Marx und Engels ein Menschenalter lang gearbeitet, wieder ungetan werden und der Sozialismus von einer politischen Macht, vor der alle alten Parteien zitterten, zu einer versteckten, zusammenhanglosen Sekte herabsinken, deren Bekämpfung die herrschenden Klassen ebenso ruhig der Polizei überlassen konnten wie die Bekämpfung des Gaunertums. So entstand jener ge= waltige Kampf zwischen Marx und Bakunin, der zur Spaltung der „Internationale" führte und deren Absterben einleitete.

An allen diesen Kämpfen nahm Engels als Mitglied des Generalrates der „Internationale" (1871 korrespondierender Sekretär für Belgien und Spanien, später für Italien und Spanien) hervorragenden Anteil. Mit diesem Hinweis müssen wir uns begnügen. Eine detaillierte Darstellung der Tätigkeit von Engels in der „Internationale" würde nicht nur den der vorliegenden Skizze zugemessenen Raum weitaus übersteigen, sondern auch ein Studium der Protokolle und Korrespondenzen

3*

des Generalrats voraussetzen, die der Öffentlichkeit heute noch
nicht vorliegen.

Mit dem Aufhören der „Internationale" endete die praktische
unmittelbare Parteitätigkeit von Engels sowohl wie von Marx.
Aber ihr Wirken verlor dadurch nicht an Bedeutung für die
wissenschaftliche wie die politische Entwickelung des Sozialismus.

Zwist und Verfolgung hätten die „Internationale" kaum
getötet, wenn sie auch ihr Ende beschleunigten. Die Grund-
ursache desselben lag darin, daß sie sich überlebt hatte, in dem
Sinne, daß ihr Ziel erreicht war: die Arbeiterbewegung war
allerorten im vollen Gange, und die internationale Solidarität
der gesamten Arbeiterklasse war so fest gegründet, daß das
formelle Band einer ausdrücklich für diesen Zweck gebildeten
Assoziation schon eine Fessel wurde. In Deutschland erfocht die
Sozialdemokratie einen Wahlsieg nach dem anderen und konnte
schon daran denken, Einfluß auf die Gesetzgebung zu nehmen.
Wo man so weit war, mußte die Parteitätigkeit mehr durch die
politischen und ökonomischen Besonderheiten des betreffenden
Landes bestimmt werden als vordem, wo es sich mehr um die
Propaganda von Prinzipien gehandelt hatte.

Die Bewegung nahm da immer mehr einen nationalen
Charakter an, nicht in dem Sinne, daß sie die internationale
Solidarität vergessen hätte, sondern daß sie mehr von den Eigen-
tümlichkeiten des Volks- und des Staatswesens beeinflußt wurde,
auf das sie zu wirken hatte.

Die „Internationale" in ihrer damaligen zentralisierten
Organisation wurde infolge der Fortschritte des Sozialismus
daher ebenso überflüssig wie seinerzeit der „Bund der Gerechten".
Aber die internationale Solidarität des Proletariats blieb
bestehen, und ohne irgendwelche Abmachung oder Ernennung,
ganz von selbst, blieben Marx und Engels deren Träger.

Im Zentrum der modernen kapitalistischen Welt, in London,
wohnend, in stetem Verkehr mit den hervorragendsten sozialistischen
Parteimännern aller Nationen, gewannen sie einen Überblick
über die gesamte ökonomische und politische Entwickelung sowie
speziell über die Parteiverhältnisse, der im Verein mit umfassender wissenschaftlicher Erkenntnis und den reichen Erfahrungen
einer fast halbhundertjährigen Tätigkeit in der Proletarier-Be-
wegung sie besonders befähigte, in der Entwickelung der verschiedenen Parteien das Wesentliche vom Nebensächlichen und
Haltlosen zu scheiden und den Standpunkt zu erkennen, den die
sozialistischen Arbeiter jeden Landes den jeweilig an sie heran-

tretenden Fragen gegenüber einzunehmen hatten. Das erhellte
deutlich aus allen ihren Manifestationen — kein Wunder, daß
die einsichtigen sozialistischen Elemente aller Länder sich stets gern
in kritischen Situationen an die beiden Veteranen in London um
Rat gewendet haben. Und nie haben diese ihn verweigert. Sie
sprachen frank und frei ihre Überzeugung aus, ohne Umschweife,
aber auch ohne sie aufdrängen zu wollen. Kein Proletarier,
keiner, dem es um die Sache der Proletarier ernst war, hat sich
je vergebens an die beiden gewendet. Sie wurden die Berater
des gesamten kämpfenden Proletariats Europas und Amerikas;
Broschüren, zahlreiche Artikel und zahllose Briefe in den verschiedenen Sprachen legen Zeugnis davon ab.

7. Letzte Lebensjahre.

Seit 1883 ruhte dies schwere und verantwortungsvolle Amt auf den Schultern von Engels allein, dem gleichzeitig die Aufgabe zufiel, zu vollenden, was Marx an der Schwelle der Vollendung hatte verlassen müssen. Dazu kam die Fortsetzung der Aufgabe, die Engels sich bei der Teilung der Arbeit mit Marx gestellt, die Anwendung der materialistischen Geschichtsauffassung auf die Fragen der Gegenwart und die Vertretung der Marx-Engelsschen Theorien gegenüber Angriffen und Mißverständnissen. Und neben allen diesen Aufgaben hatten noch eigene Forschungen, namentlich historischer Art, voranzugehen, die Engels früher schon begonnen, und galt es, über die Fortschritte auf fast allen Gebieten des menschlichen Wissens auf dem laufenden zu bleiben.

Als die erste und wichtigste dieser Aufgaben betrachtete Engels die Vollführung des Vermächtnisses von Marx. Zunächst besorgte er die dritte Auflage des ersten Bandes des „Kapital", die nach hinterlassenen Angaben des Verfassers vermehrt und revidiert sowie mit Noten versehen wurde. Sie erschien Ende 1883.

Im Sommer 1884 veröffentlichte Engels seine Arbeit über den „Ursprung der Familie, des Privateigentums und des Staates", in der er vollführte, was Marx selbst zu tun beabsichtigt hatte, die Morganschen Forschungen dem Publikum bekanntzumachen, gleichzeitig aber zu erweitern. Morgan war bei seinen vorgeschichtlichen Studien zu der gleichen materialistischen Geschichtsauffassung gekommen, die Marx und Engels auf Grund ihrer geschichtlichen Forschungen entdeckt hatten. Die zünftige Wissenschaft versuchte Morgan ebenso totzuschweigen, wie vorher Marx. Da galt es, ihn der drohenden Vergessenheit zu entreißen, es galt aber auch, die historischen Lücken der Morganschen Forschungen auszufüllen, diese in den Rahmen der materialistischen Geschichtsauffassung von Marx und Engels

einzufügen und die menschliche Urgeschichte und spätere Geschichte
zu einer einheitlichen Entwickelungsreihe zu verschmelzen. Nichts
Geringeres als das ist in dem Büchlein von 146 Seiten geleistet
worden.

Ein Jahr später folgte der zweite Band des „Kapital", der
den Zirkulationsprozeß des Kapitals behandelt. Im ersten Band
wird untersucht, wie der Wert und der Mehrwert produziert
werden. Der zweite Band gilt der Untersuchung der verschiedenen Formen des Kreislaufs des Kapitals, jenes Kreislaufs, der dadurch erzeugt wird, daß der Kapitalist den produ-
zierten Wert und Mehrwert verkauft, um mit dem Erlös —
nach Abzug seines Konsums — wieder Produktionsmittel und
Arbeitskraft zu kaufen und von neuem Wert und Mehrwert
produzieren zu lassen.

Zwischen dem Erscheinen des zweiten und dem des dritten
Bandes trat eine längere Pause ein. Erst 1894, ein Jahr vor
Engels Tode, konnte dieser Band erscheinen, der den Gesamt-
prozeß der kapitalistischen Produktion behandelt, vor allem die
Verwandlung des Mehrwerts in Profit. Hier wird erst das
Rätsel der kapitalistischen Produktionsweise vollständig gelöst.
Der Warenaustausch auf dem Markte wird stets vom Wert-
gesetze beherrscht, d. h. von dem Streben, für Produkte einer
bestimmten Menge von Arbeit Produkte einer gleichen Menge
Arbeit einzutauschen. Aber sobald die Warenproduktion
kapitalistische Formen annimmt, wird sie beherrscht vom Profit,
und dieser wirkt auf die Preisgestaltung zurück und veranlaßt
bestimmte Abweichungen des Preises vom Wert. Nachdem
dies auseinandergesetzt worden, untersucht der dritte Band
die Verteilung des Mehrwerts unter die verschiedenen Sorten
Ausbeuter — Kaufleute, Banken, Grundbesitzer, die ihre An-
teile in der Form von Handelsprofit, Geldzins, Grundrente
beziehen.

Man sieht, der dritte Band des „Kapital" behandelt eine
Fülle der wichtigsten und schwierigsten Probleme. Dabei mußte
aber, noch mehr wie der zweite, das Material des dritten Bandes
höchst mühsam aus fragmentarischen Manuskripten zusammen-
gesucht werden, die es dann zu einer einheitlichen Darstellung zu
verarbeiten galt.

Indes nicht bloß die Schwierigkeiten des Gegenstandes waren
es, die bewirkten, daß der dritte Band erst fast ein Jahrzehnt
nach dem zweiten erschien. Nicht minder wurde dies veranlaßt
durch die Fülle von Arbeiten, die das Anschwellen der sozia-

listischen Bewegung gerade seit Marx Tode für Engels mit sich brachte. Eine Reihe von Zeitschriften marxistischer Tendenz entstand oder kam zur Bedeutung, die seine Mitarbeiterschaft forderten, so der Züricher „Sozialdemokrat", die Stuttgarter „Neue Zeit", der Pariser „Socialiste" und andere. Dazu kam, daß die Ausbreitung der sozialistischen Bewegung in den verschiedensten Ländern zahlreiche Übersetzungen Marxscher und Engelsscher Schriften veranlaßte, deren Durchsicht ebenfalls Engels zufiel und ihm bei seiner großen Gewissenhaftigkeit eine bedeutende Arbeitslast auferlegte. Besonders mühsam wurde die Revision der englischen Übersetzung des ersten Bandes des „Kapital", die 1887 erschien.

Die Ausbreitung der sozialistischen Bewegung in Ländern, denen sie bis dahin fern geblieben, brachte aber auch eine Vermehrung der Korrespondenz und der Studienobjekte für Engels. Denn er mochte keinen Rat über Verhältnisse erteilen, die er nicht gründlich beherrschte. Da wurden es im letzten Jahrzehnt seines Lebens namentlich die Verhältnisse Österreichs und der Vereinigten Staaten, die ihn lebhaft beschäftigten und deren eifriges Studium zu dem der deutschen, französischen, englischen, russischen hinzutrat, die ihm seit langem in erster Linie gestanden hatten. Dabei ist hier nur von jenen Nationen die Rede, die er am gründlichsten studierte. Aber sein umfassender Blick ging stets aufs Ganze des Weltgetriebes, es gab kaum eine Nation, über die er nicht Bescheid wußte, mochte es sich um die Türkei und Ägypten handeln oder Italien und Spanien, oder um Dänemark oder Belgien.

Österreich interessierte ihn damals besonders wegen des überraschend schnellen Aufschwungs seiner sozialistischen Bewegung, dagegen Amerika wegen des überraschend schnellen Aufschwungs seines Kapitalismus, der dieses Land an die Spitze der kapitalistischen Nationen zu bringen versprach und zuerst jene Unternehmer=Organisationen entwickelte, die den modernsten Kapitalismus kennzeichnen. Zugleich interessierten ihn die ersten Versuche einer sozialistischen Klassenbewegung innerhalb des angloamerikanischen Proletariats. Bis dahin war in Amerika die Sozialdemokratie ein namentlich von Deutschen importiertes exotisches Gewächs geblieben, das im Lande nicht recht Wurzel schlagen und Früchte tragen wollte. Die ersten Anfänge zu einer Änderung erlebte noch Engels, und sie beschäftigten ihn sehr.

Die rasche Ausbreitung der sozialistischen Arbeiterbewegung auf der Grundlage des politischen Klassenkampfes führte aber auch bald zu Versuchen, eine neue internationale Organisation zu begründen. Der erste Kongreß der neuen „Internationale“ wurde in Paris 1889 abgehalten.

Es war nicht leicht, die so mannigfaltigen, einander oft noch fremd, ja mißtrauisch gegenüberstehenden sozialistischen Elemente der verschiedenen Nationen zu gemeinsamem Wirken zusammenzubringen. Nicht ohne Irrungen und Wirrungen vollzog sich das. Das bedeutete auch wieder erhöhte Arbeit für Engels, den Vertrauensmann der Sozialisten aller Nationen, den Kenner aller ihrer Verhältnisse.

Das Gelingen und Fortschreiten der neuen Internationale, das sich so herrlich in der Maifeier dokumentierte und das von einem Sieg nach dem andern begleitet war, vor allem von dem Zusammenbruch des Sozialistengesetzes — das bildete den letzten, großen Triumph, den unser Engels erlebte. Und dieser Triumph nahm für ihn die Form einer persönlichen Ovation an.

Im allgemeinen hat Engels ebensowenig wie Marx es geliebt, persönlich in der Bewegung hervorzutreten. Sie hatten gewirkt vor allem durch ihre Schriften, dann durch Briefe sowie durch persönlichen Verkehr mit den bedeutendsten Kämpfern unserer Sache, aber sie hatten nicht gewirkt durch mündliche Agitation unter den Massen. In der Zeit, in der sie groß geworden waren, hatte diese Agitation außerhalb Englands noch keine Rolle gespielt, dank dem Polizeistaat. Dem ist es wohl zuzuschreiben, daß Marx und Engels die rednerische Begabung nicht entwickelten.

Aber dazu trug jedenfalls auch bei, daß sie vor allem kritisch wirkten und völlig neue Ideen vorbrachten. Das geschieht besser durch die schriftliche Darstellung als die mündliche. Ein Redner wird kaum jene Präzision des Ausdrucks erreichen können, wie sie wiederholtes Feilen an einem wohlüberlegten Manuskript ermöglicht. Anderseits wird ein völlig neuer Gedanke, den man vor dem Hörer unvermutet entwickelt, nicht sofort begriffen; dazu ist wiederholtes, reifliches Nachdenken, ein längeres Verbleiben bei dem Gedanken notwendig. Das ist möglich bei einem Druckwerk, wo ich bei jedem Satz beliebig lange verweilen kann, es ist unmöglich bei einer Rede, die weitergeht, unbekümmert darum, ob jeder Satz in ihr verstanden worden war oder nicht.

Der Redner wird die größte Wirkung erzielen, wenn er den Hörern sagt, was sie unbestimmt selbst schon ahnen, was bei ihnen zum Durchbruch drängt, aber noch keinen bestimmten

Ausdruck zu finden vermochte. Sie empfinden es als eine Er=
hebung und Befreiung, die sie jubelnd begrüßen, wenn der
Redner glanzvoll und klar ausspricht, was sie selbst dunkel
empfinden, wenn der Geist des Redners ihnen als ein kraft=
volleres und herrlicheres Abbild ihres eigenen Geistes erscheint.

Sagt ihnen der Redner dagegen Dinge, an die sie noch
nie gedacht, so mutet sie es fremdartig an, sie stehen ihm ver=
ständnislos gegenüber. Wer derartige ganz neue Ideen ver=
breiten will, greift am besten zur Feder.

Darin dürften wir wohl die Gründe dafür zu suchen haben,
daß Marx und Engels der mündlichen Agitation möglichst aus
dem Wege gingen.

Auch auf Parteikongressen erschienen sie nicht, wenn es
nicht unbedingt nötig war, wie auf den Haager Kongreß, der
Bakunin aus der Internationale ausschloß. Sie hatten wohl
die Empfindung, daß sie bei ihrer Bedeutung der Mittelpunkt
des Kongresses würden und daß ihre Rednergabe doch nicht
ausreiche, um ihre geistige Überlegenheit zum Ausdruck zu
bringen.

Noch weit mehr als Marx ging Engels der mündlichen
Agitation und der Teilnahme an Kongressen aus dem Wege.
Aber der gewaltige Aufschwung der Internationale bildete doch
einen zu gewaltigen Anreiz, ihre Vertreter, die er schon als Korre=
spondenten einzeln kennen gelernt, nun auch versammelt persön=
lich zu begrüßen. Und so erschien Engels im August 1893 auf
dem internationalen Kongreß zu Zürich. Allerdings auch da
nicht, um an dessen Verhandlungen teilzunehmen. Einmütiger
unendlicher Jubel begrüßte ihn, es war der Schöpfer und der
Verkörperer der Gedanken des Kommunistischen Manifestes, dem
die gesamte Internationale huldigte. Und wie in Zürich, so
wurde er auf seiner Weiterreise in Wien und in Berlin gleich
einem Triumphator vom begeisterten Proletariat gefeiert.

Erfrischt, verjüngt kehrte der Dreiundsiebzigjährige nach
England zurück, voll Tatkraft und Arbeitslust.

Und doch hatte der Tod schon seine Hand auf ihn gelegt, begann
schon ein unheilbares Krebsgeschwür ihn zu quälen. Zu seinem
Glück erkannte Engels dessen tückische Natur nicht. Er hoffte auf
baldige Genesung und damit auf die Vollendung einer unendlichen
Fülle von Arbeiten, die er plante. Er gedachte sich nun an
den vierten Band des „Kapital" zu machen — den später ich
als „Theorien vom Mehrwert" veröffentlichte; an die kleineren
früheren Schriften von Marx und an die Briefe, die Marx

von Laffalle erhalten hatte, was alles dann Mehring in seiner
vierbändigen Ausgabe des literarischen Nachlaſſes von Marx
und Engels herausgab. Endlich wollte er noch eine Geschichte
der Internationale schreiben — reichliche Arbeit für ein Jahrzehnt. Noch im Frühjahr 1895 entwickelte er diese umfaſſenden
Pläne — am 6. August hatte dieser raſtlose Rieſengeiſt aufgehört zu sein.

So hell der Jubel, mit dem die Internationale ihn im
August 1893 in Zürich begrüßt, so tief die Trauer, mit der im
August 1895 diese Internationale Abschied nahm von dem, was
sterblich geweſen an Friedrich Engels. Seinem letzten Wunsche
gemäß wurde sein Leichnam verbrannt, seine Asche ins Meer
geſtreut.

Genau ein Dutzend Jahre hatte Engels noch länger gelebt
als Marx. Nur eine kurze Spanne Zeit in der Geschichte; und
doch wie ganz anders die Situation, in der er ſtarb, als die
zur Zeit des Hinscheidens von Marx. Damals völliges Danieder-
liegen der eben noch glänzend voranschreitenden Bewegung in
Deutschland, Öſterreich, Rußland; und in den anderen Ländern
nur dürftige und unſichere Anſätze einer Bewegung.

Dagegen allenthalben glänzender Aufſtieg im Jahre 1895.
Engels ſelbſt beschrieb die damalige Situation im Januar
jenes Jahres in seinem letzten Briefe an seinen alten Freund
F. A. Sorge in Amerika:

„Hier in Europa wird's im neuen Jahre noch arg kraus.
Die Bauernfrage in Deutschland ist in den Hintergrund gedrückt
durch die Umsturzvorlage. Alles in Deutschland iſt in Unord-
nung gebracht, kein Mensch weiß mehr, woran er iſt und was
morgen sein wird. Die Konfuſion in den regierenden Schichten
wie überhaupt in den herrschenden Klaſſen ſteigt täglich höher,
so daß die einzigen, die bei der Umsturzvorlage heitere Gesichter
machten, unsere Leute waren. Dabei aber haben diese mit
Phraſen ſo protzigen Herren Köller und Konsorten so wenig
Courage, daß sie jetzt schon allerhand Ängſtlichkeiten empfinden,
und es immerhin fraglich iſt, ob sie nicht auch im Moment der
Aktion Angſt bekommen.

Und nun gar Frankreich! Dort wie in Italien hat die
Bourgeoiſie sich in einer Amerika beschämenden Weise kopfüber
in die Korruption gestürzt. Seit drei Jahren dreht sich in beiden
Ländern alles darum, ein bürgerliches Miniſterium zu finden,
das — nicht frei von Korruption — aber doch so wenig direkt
in öffentlich gewordenen Skandalen kompromittiert iſt, daß es

ohne zu gewaltsame Verletzung des ordinärsten Anstandes unter-
stützt werden kann vom Parlament.

In Italien hält sich Crispi nur noch eine Zeitlang, weil der
König und der Kronprinz ebenso tief in den Bankskandalen
drinsitzen wie er selbst. In Frankreich haben jetzt unsere 45 bis
50 sozialistischen Deputierten zum drittenmal ein Ministerium
wegen direkter Korruption zu Fall gebracht und Casimir Perier
ist nachgestürzt. Vermutlich will er sich als einziger Retter der
Gesellschaft nochmals mit immenser Majorität neu wählen lassen
und sich dadurch eine stärkere Stellung verschaffen. Das ist aber
ein gewagtes Spiel. Jedenfalls wackelt auch in Frankreich alles,
und wir können dies Jahr außer in England auch in Deutschland und Frankreich Neuwahlen bekommen, diesmal von ent-
scheidender Wichtigkeit. Dazu in Italien eine Krisis ersten
Ranges und in Österreich eine unvermeidliche Wahlreform —
kurz, es wird kritisch in ganz Europa."

Diese Zeilen zeigen den greisen, todtkranken Engels am
Rande des Grabes noch erfüllt von dem ganzen Optimismus,
der ganzen Kampfeslust, der ganzen Siegeszuversicht, die ihn
sein Leben lang durchglüht hatte und bis zu seinem letzten
Atemzug beseelte. Seine felsenfeste Überzeugung hatte ihn auf-
recht gehalten in den schlimmsten Trübsalen der Reaktion. Um so
höher hob sie ihn in den Tagen des Sieges. Und er starb mit dem
Bewußtsein, daß noch größere, herrlichere Siege unserer harrten.

Er wußte, daß seine Sache unaufhaltsam fortschreiten werde,
und gerade auf der Grundlage fortschreiten werde, die er ihr
gegeben hatte; daß das, was er uns gegeben, fortfahren werde,
in uns und durch uns zu kämpfen bis zum Tage des endlichen
Triumphes.

So ist er der stolzesten Form jener Unsterblichkeit teilhaftig
geworden, an die allein wir zu glauben vermögen. Es gibt
keine andere Unsterblichkeit als die, daß die Sache uns überlebt,
der unser ganzes Leben gehörte, daß wir auf diese Weise in ihr
weiterleben. Den erhabensten Gipfel dieser Unsterblichkeit
erklimmt aber jener, dem es vergönnt ist, seiner Sache, die ihn
überlebt, weit über seinen Tod hinaus den Stempel seines
Geistes aufzuprägen.

Vorwärts Buchdruckerei und Verlagsanstalt Paul Singer & Co., Berlin SW. 68.